Michael Häußler

Vom Situationsbild zum Lesen

Differenziertes Übungsmaterial auf Wort-, Satz- und Textebene

Der Autor

Dr. Michael Häußler arbeitete 11 Jahre an eine Förderschule mit dem Förderschwerpunkt Geistige Entwicklung. Derzeit ist er als Leiter eines Studienseminars für Geistigbehindertenpädagogik tätig.

5. Auflage 2022
© 2010 PERSEN Verlag, Hamburg

AAP Lehrerwelt GmbH
Veritaskai 3
21079 Hamburg
Telefon: +49 (0) 40325083-040
E-Mail: info@lehrerwelt.de
Geschäftsführung: Christian Glaser
USt-ID: DE 173 77 61 42
Register: AG Hamburg HRB/126335
Alle Rechte vorbehalten.

Autorschaft:	Michael Häußler
Covergestaltung:	TSA&B Werbeagentur GmbH, Hamburg
Illustrationen:	Melanie Groger
Satz:	Satzpunkt Ursula Ewert GmbH, Bayreuth
Druck und Bindung:	Esser printSolutions GmbH, Bretten

ISBN: 978-3-8344-3289-6
www.persen.de

1. Texte sinnentnehmend lesen – eine hohe Hürde für Leseanfänger

Die vorliegenden Materialien sind für Schüler/-innen konzipiert, die den eigentlichen Leselern-prozess – also das Erlernen der Buchstaben und der Synthese – weitgehend gemeistert haben und sich nun daran machen, erste Texte zu lesen.

Die Arbeit mit Texten im Leseunterricht mit Schülern/-innen mit Lernschwierigkeiten ist jedoch unter Umständen ein mühevolles Unterfangen, das für alle Beteiligten häufig unbefriedigend verläuft. Dies gilt insbesondere für Leseanfänger, die im Rahmen des weiterführenden Lesens beginnen, sich mit der Sinnentnahme aus Texten auseinanderzusetzen.

In diesem Fall bedeutet Lesen nicht selten,
- relativ lange ohne einen Wechsel des Lernortes oder der Lerntätigkeit still sitzen zu müssen,
- neben dem oft mühevollen Erlesen kaum über Handlungsmöglichkeiten zu verfügen
- und am Ende der Stunde kein konkretes Produkt geschaffen zu haben, auf das man stolz sein könnte.

Zudem stellen Texte an die Wahrnehmungskapazität die allerhöchsten Ansprüche. Schüler/-innen, die einzelne Sätze bereits durchaus erlesen können, scheitern u. U., wenn sie diese aus dem Zusammenhang eines Textes ausgliedern und zueinander in Beziehung setzen müssen. Die Lehrkraft steht daher vor der Aufgabe, Texte zu finden, die für die oft auch sehr unterschied-lichen Lesefähigkeiten der Klasse angemessen sind und zum Weiterlesen motivieren.

2. Die Arbeit mit Situationsbildern als Einstieg ins sinnentnehmende Lesen

2.1 Grundgedanke

Den Schülern/-innen wird zu einem Bild, auf dem eine Situation aus ihrer Alltags- oder Fantasie-welt dargestellt ist, eine Anzahl einfach strukturierter Sätze angeboten – je nach didaktischem Arrangement sind diese auf große Papierstreifen oder auf Satzkärtchen geschrieben.
Die Kinder erlesen die Sätze und beurteilen, ob diese inhaltlich zum Bild passen. Die „richtigen" Sätze werden dem Bild zugeordnet, „falsche" werden aussortiert, sodass zu dem entsprechenden Bild ein kleiner Text entsteht. Da nur eine Abbildung angeboten wird, die keinen Handlungsab-lauf, sondern lediglich die Momentaufnahme einer Situation enthält, entfällt zunächst die Not-wendigkeit, die Sätze in einer bestimmten Reihenfolge anzuordnen.
Dieses Verfahren hat sich insbesondere auch im Leseunterricht am Förderzentrum mit dem För-derschwerpunkt Geistige Entwicklung bewährt.
Möglichen Lernschwierigkeiten im Leseunterricht versucht die Arbeit mit den „Situationsbildern" entgegenzuwirken, indem sie
- durch Bildmaterial den Aufbau einer Sinnerwartung an den zu erlesenden Text unterstützt.
- durch ein kleinschrittiges und strukturiertes Vorgehen die Kinder auf dem Weg zum Erlesen erster Texte unterstützt.

Michael Häußler: Vom Situationsbild zum Lesen
© Persen Verlag

2.2 Sinnerwartung als Hilfe beim Lesen von Texten

Es genügt nicht, wenn Kinder die Buchstaben-Laut-Entsprechung und die Lautsynthese einge-übt haben, und sei dies in noch so anschaulicher, ausführlicher und intensiver Form geschehen. Der wichtigste Aspekt des Lesenlernens ist damit noch nicht berührt: die Sinn- bzw. Informationsentnahme aus einem vorliegenden Text.

Hierbei ist es eine große Hilfe, wenn das Kind mit einer Sinnerwartung an den Text herangeht, wenn es also in etwa einschätzen kann, was das zu Erlesende bedeuten könnte und dies mit Erfahrungen und Vorwissen aus seiner eigenen Alltags- und Erlebniswelt abgleichen kann.

Diese Sinnerwartung wird im Fall der Situationsbilder durch das Bildmaterial gefördert, auf das sich die Texte beziehen. Die Kinder werden mit einem Bild konfrontiert, das eine Szene aus ihrer Erfahrungswelt darstellt. Mit dieser Anschauungshilfe im „Hinterkopf" können sie nun an die hierzu angebotenen Wörter und Sätze herangehen, aus denen sie weitgehend selbstständig einen zum Bild passenden Text zusammenstellen.

2.3 Schritt für Schritt vom Wort zum Text

Die schrittweise Steigerung der lesespezifischen Anforderungen ist eng verflochten mit der Rhythmisierung einer Unterrichtsstunde. Die Sinnentnahme wird dabei durch das begleitend angebotene Bildmaterial auf jeder Stufe des Leseprozesses gleichermaßen gefordert und gefördert:

1. **Synthese:** synthetisierender Aufbau einiger lesetechnisch anspruchsvoller Wörter
2. **Ganzwort:** erlesen von Ganzwörtern, kennen der Bedeutung des Ganzwortes
3. **Satz:** sinnentnehmendes Lesen einzelner Sätze
4. **Text:** abschließendes Lesen des gemeinsam erarbeiteten Textes.

Auf diesen Anforderungsstufen werden in Kombination mit dem angebotenen Bildmaterial die folgenden zum Textverstehen nötigen Fähigkeiten geschult:

- **Lesetechnik:** die Synthese und das Erkennen von Ganzwörtern als Wortgestalt werden geschult.
- **Sprachkenntnisse** werden aktualisiert und erweitert, wenn das Bildmaterial eine Zuordnung und Identifikation der erlesenen Lautketten ermöglicht.
- Das dem Text zugrundeliegende **Sach- und Hintergrundwissen** zu einem Themenfeld wird durch das Situationsbild veranschaulicht und ist dem Kind in der Lernsituation präsent.

2.4 Methodische und inhaltliche Aspekte der Arbeit mit Bildern und Texten

Die Arbeit mit den Situationsbildern entspricht zentralen sonderpädagogischen Unterrichtsprinzipien:
- Der Text kann **Satz für Satz** angegangen werden und steht nicht als entmutigendes Ganzes vor den Schülern.
- Alle Schüler können gleichzeitig tätig sein; es wird ein hohes Maß an sachbezogener **Aktivität und Leseintensität** erreicht.

I. Hinweise zur Arbeit mit den Materialien

- Durch stete Wiederholung des Wort- und Satzmaterials auf allen Leseebenen wird ein hohes Maß an **Übungsintensität** erreicht. Die Kinder gewinnen dadurch Sicherheit und Motivation.
- Das Verfahren bietet ein Höchstmaß an **Differenzierungsmöglichkeiten** – jedem Schüler können seinen Lesefähigkeiten entsprechende Sätze angeboten werden.
- Zudem kann jedes Kind sich gemäß seiner **individuellen Fähigkeiten** zunächst im **stillen Lesen** mit dem angebotenen Satzmaterial auseinandersetzen.
- Die Schüler/-innen erhalten durch den Bezug ihrer Sätze zum Bildmaterial unmittelbar **Rückmeldung**, ob sie diesen die relevanten Informationen entnommen haben.
- Auch die Lehrkraft gewinnt ständig wertvolle **diagnostische Hinweise** darüber, wie es um die Lesekompetenz der Schüler auf den unterschiedlichen Stufen des Wort-, Satz- und Textlesens bestellt ist. Lernfortschritte bzw. -probleme können von der Lehrkraft jederzeit überprüft werden.
- Die Übung des sinnentnehmenden Lesens erfolgt **spielerisch**, wenn zusätzlich die Satzbörse als Lesespiel angeboten wird.
- Der Text wird nicht als vorgegebenes Ganzes rezipiert, er wird von den Schülern/-innen in **Eigenaktivität** zusammengefügt.
- Am Ende der Stunde ist in Form des fertigen Textes ein gemeinsam geschaffenes **Produkt** entstanden.

Textauswahl und -gestaltung erfolgten nach folgenden Kriterien:

- Die **Inhalte der Texte** bzw. Abbildungen beziehen sich zum einen auf Situationen der Alltagswelt, zum anderen auf solche, die eher der Fantasie- und Spielwelt der Kinder entstammen. Erstere können auch älteren Schülern/-innen, insbesondere am Förderzentrum mit dem Förderschwerpunkt Geistige Entwicklung, angeboten werden, wobei eine Lernverbindung zu entsprechenden Sachthemen möglich ist. Die anderen, eher kindgemäßen Situationen sind hingegen eher für junge Leser/-innen in den Eingangsklassen des Förderzentrums mit dem Förderschwerpunkt Lernen (Diagnose- und Förderklassen) gedacht. Letztlich entscheidet natürlich die Lehrkraft, welche Inhalte und Texte sie ihrer Klasse anbieten will und kann.
- Die **Auswahl der Lesewörter** orientiert sich am Grundwortschatz für die Klassen 1 und 2. Ein weiteres Kriterium war die inhaltliche Bedeutsamkeit einzelner Begriffe für das Thema des Situationsbildes (also etwa „Cowboy", „Prinzessin" und „Zauberer" zum Thema Fasching). Verben werden auf den Wortkarten sowohl in der Grundform als auch in der im Text verwendeten Form angegeben, da Kindern mit größerem Förderbedarf der Schluss etwa von „laufen" zu „läuft", insbesondere lesetechnisch, zunächst noch schwer fallen kann. Entscheiden Sie im Hinblick auf das Leistungsniveau in Ihrer Klasse, ob Sie dies so beibehalten wollen.
- Bei der **Textgestaltung** wurde versucht, möglichst einfach strukturierte Sätze mit jeweils nur einer inhaltlichen Aussage zu formulieren. Sollten auf einer Textkarte zwei aufeinanderfolgende Sätze zu finden sein, so können diese als Differenzierungsangebot betrachtet werden.

Michael Häußler: Vom Situationsbild zum Lesen
© Persen Verlag

3. Unterrichtsmodell – möglicher Aufbau einer Unterrichtseinheit

3.1 Stundenbild

Phase	Unterrichtsverlauf	Didaktisch-methodischer Kommentar Benötigte Materialien
Hinführung	Präsentation des Bildes Unterrichtsgespräch: • Schüler/-innen erzählen frei zum Bild • berichten von eigenen entsprechenden Erfahrungen, Erlebnissen und Assoziationen • Wenn der Text dies verlangt, stellt die Lehrkraft die abgebildeten Personen mit Namen vor Zielangabe: Zu diesem Bild werden wir heute eine kleine Geschichte zusammenstellen.	Aufbau von Sinnerwartung Material 1: Bild mit Gesamtsituation
Erarbeitung* Stufe der Synthese	• Synthetisierender Aufbau einiger Lesewörter an der Tafel („Zauberwörter"**) oder • Wortkarten werden Buchstabe für Buchstabe mit dem „Lesekrokodil"*** aufgebaut	Lesetechnische Vorbereitung Vermeidung lesetechnischer Probleme Material 2: Wortkarten
Erarbeitung* Stufe des Ganzwortes	Ganzwort: (1) z. B. „Blitzlesen": zentrale, sinntragende Wörter aus dem Text werden kurz gezeigt und von den Schülern/-innen gelesen (2) Die Schüler/-innen ordnen (evtl. in Partnerarbeit) jeweils einem Bildausschnitt die passenden Ganzwörter zu (3) Die Bildausschnitte mit den eingefügten Ganzwörtern werden an der Tafel präsentiert, die Ganzwörter vorgelesen	Lesetechnische Übung Material 2: Wortkarten Sicherung des Sinnverständnisses auf der Wortebene Rhythmisierung Zusammenfassung der bisherigen Lernergebnisse für die Klasse Material 3: Bildausschnitte
Erarbeitung* Stufe des Satzes	Stillarbeit: Die Schüler/-innen bearbeiten ein Arbeitsblatt mit Sätzen und Bildausschnitten, die einander zugeordnet werden sollen. evtl. Vergleich am OHP	Anbahnung der Zuordnung von Satz und Bild durch sinnentnehmendes Lesen Möglichkeit der Differenzierung, wenn unterschiedlich komplexe Satz-Bild-Kombinationen angeboten werden Zusammenfassung der bisherigen Lernergebnisse für die Klasse Material 4: Arbeitsblatt
Erarbeitung* Vom Satz zum Text	Die Schüler/-innen erhalten z. B. jeweils einen zutreffenden und einen „falschen" Satz zum Bild. Sie sollen diese erlesen und entscheiden, welcher dem Bild zugeordnet werden kann. Die Satzstreifen werden an die Tafel zum Bild gehängt und vorgelesen.	Eigentliche Sinnentnahme Schrittweiser Aufbau eines Textes Material 5: Satzstreifen Zusammenfassung der bisherigen Lernergebnisse für die Klasse

Hier bestünde die Möglichkeit einer sinnvollen Zäsur und der Weiterführung in einer eigenen Unterrichtseinheit in der folgenden Lesestunde:****

I. Hinweise zur Arbeit mit den Materialien

Phase	Unterrichtsverlauf	Didaktisch-methodischer Kommentar / Benötigte Materialien
Erarbeitung* **Text (optional)**	Die Schüler/-innen erhalten ein AB mit dem gesamten Text, der nun von allen (leise/laut) gelesen wird.	Vertiefung – individuelle Auseinandersetzung mit dem Textangebot Material 6: Textblatt
Abschluss	z. B. nochmals kurzes Unterrichtsgespräch zum Bild: Was könnte dort als nächstes passieren?	Rückbezug zum Beginn der Stunde Ausblick Material 1: Bild

*   Je nach Lesekompetenz der Schüler/-innen können diese Phasen unterschiedlich intensiv gestaltet werden

**   Zauberwörter siehe Beispiel im Tafelbild (unten), links

*** Lesekrokodil: erstellen Sie eine Pappschablone in Form eines Krokodils, aus dessen „Maul" Buchstabe für Buchstabe eine Wortkarte gezogen wird; die Schüler/-innen synthetisieren jeweils die sichtbaren Buchstaben.

**** Je nach Lesetempo und Lesekompetenz kann dieses Unterrichtsmodell auf zwei Einheiten verteilt werden.

3.2 Vorschlag für ein Tafelbild

1. Synthese	3. Satz und Text		2. Ganzwort	
Sch Schü Schüss Schüsse Schüssel …	Familie Moser macht das Abendessen Mat. 1: Bild Gesamtsituation Satzstreifen (Mat. 5) Satzstreifen (Mat. 5) Satzstreifen (Mat. 5) …			Mat. 3: Bildausschnitte mit Wortkarten … …

Anmerkung: Situationsbild und Text stehen entsprechend ihrer Bedeutung im Stundenverlauf bewusst im Zentrum des Tafelbildes.

Michael Häußler: Vom Situationsbild zum Lesen
© Persen Verlag

4. Die Satzbörse als Lesespiel

Sie können aus den hier angebotenen Materialien auch mit relativ geringem Aufwand Lesespiele für das Freiarbeitsregal erstellen.

Vorbereitung:
- Kopieren Sie das Situationsbild und den Spielplan auf farbiges Papier und laminieren Sie beides.
- Verfahren Sie ebenso mit der Vorlage „Kontrollblatt für gelesene Sätze": zum Bild passende Sätze passen auch genau auf die Vorlage, falsche Sätze sind zu kurz.
- Die Satzstreifen in unterschiedlicher Länge ebenfalls kopieren, laminieren und ausschneiden.
- Mit einem Würfel und einigen Spielsteinen in einer Schachtel oder einem großen Umschlag anbieten.

Spielregeln:
- Spielsteine bei „Los" aufstellen, die Satzstreifen umgedreht in die Mitte des Spielfeldes legen. Das Situationsbild liegt neben dem Spielplan.
- Es wird reihum gewürfelt. Wer auf einem „Lesefeld" landet, nimmt einen Satz vom Stapel, liest und entscheidet, ob er zum Situationsbild passt. Dies wird mit der „Kontrollunterlage" überprüft: Richtige Sätze passen genau auf die Unterlage, falsche sind zu kurz. Richtige Sätze bleiben liegen, falsche kommen in die Schachtel/den Umschlag.
- Das Spiel endet, wenn der letzte Satz gelesen ist.

5. Methodische Variationen

Die hier angebotenen Materialien können Sie in vielfältiger Weise einsetzen:
- Im Rahmen einer oder mehrerer gebundener Unterrichtsstunden mit der gesamten Klasse oder Lerngruppe
- Im Förderunterricht mit einzelnen Schülern/-innen oder Kleingruppen
- Als Freiarbeitsmaterial, insbesondere in der Form des Lesespiels (s. o.)
- Wenn Sie möchten, können Sie Text und Bild zunächst mit dem oben dargestellten Stundenschema für die ganze Klasse einführen und dies dann anschließend noch als Lesespiel zur Übung und Vertiefung in der Freiarbeitsstunde einführen.

Je nach fachspezifischer Leistungsstärke der Lerngruppe können Sie weitere Sätze hinzufügen oder auch weglassen.

6. Hinweise zum Einsatz der Materialien

Zu jedem Thema der Satzbörse werden folgende Materialien angeboten:

Material 1: Bild mit Gesamtsituation	
• für das Lesespiel:	Auf farbiges Papier kopieren und laminieren
• für die Unterrichtsstunde:	Vergrößern, evtl. auf Karton aufkleben

Material 2: Wortkarten	
• für das Lesespiel:	– / –
• für die Unterrichtsstunde:	Auf DIN A3 vergrößern und laminieren oder selbst auf Karten schreiben

Material 3: Bildausschnitte zum Zuordnen der Wortkarten	
• für das Lesespiel:	– / –
• für die Unterrichtsstunde:	Für das Tafelbild auf DIN A3 vergrößern und laminieren oder auf Karton kleben

Material 4: Arbeitsblatt Anbahnung der Zuordnung Satz – Bild	
• für das Lesespiel:	– / –
• für die Unterrichtsstunde:	Kopieren, auf OHP-Folie kopieren

Material 5: Satzstreifen	
• für das Lesespiel:	Auf farbiges Papier kopieren, laminieren und ausschneiden
• für die Unterrichtsstunde:	Auf große Papierstreifen für das Tafelbild übertragen

Material 6: Textblatt für die Hand der Schüler/-innen am Ende der Stunde	
• für das Lesespiel:	– / –
• für die Unterrichtsstunde:	kopieren

Zudem für das Lesespiel je

* einen Spielplan
  (vergrößern und auf Karton aufkleben)
* ein „Kontrollblatt" als Auflage für die Satzstreifen
  (auf farbiges Papier kopieren und laminieren)

Haus	Sonne
Fenster	Baum
Blumen	Vogel
blühen	Schokoladen-Hase

Schmetterlinge	Garten
Bienen	Ei
Strauch	Hand
fliegen	Gras

Material 2: Wortkarten

Michael Häußler: Vom Situationsbild zum Lesen
© Persen Verlag

Name:	Datum:

Lisa sucht Ostereier

 Verbinde die Sätze mit dem richtigen Bild.

Lisa hat ein buntes Ei in der Hand. •

Ein buntes Ei liegt unter dem Strauch. •

Auf dem Baum sitzt ein Vogel. •

Neben dem Haus blühen Blumen. •

Die Sonne scheint und es ist warm. •

Lisa ist mit Mama und Papa im Garten.

Lisa sucht Ostereier und Süßes.

Lisa hat ein buntes Ei in der Hand.

Ein buntes Ei liegt unter dem Strauch.

Auf dem Baum sitzt ein Vogel.

Ein Schokoladen-Hase sitzt unter dem Baum.

Neben dem Haus blühen Blumen.

Die Fenster im Haus sind offen, denn es ist warm.

Bienen und Schmetterlinge fliegen durch die Luft.

Im Gras liegen viele bunte Eier.

Die Sonne scheint und es ist warm.

Mama und Papa halten sich an der Hand.

Lisa und Mama sind im Wald.

Lisa will im Garten spielen.

Lisa hat einen Schokoladen-Hasen in der Hand.

Ein buntes Ei liegt neben dem Haus.

Papa sitzt auf dem Baum.

Viele bunte Eier liegen unter dem Baum.

Das Auto steht neben dem Haus.

Die Fenster im Haus sind zu.

Vögel fliegen um das Haus.

Mama und Lisa liegen im Gras, denn es ist schön warm.

Es ist kalt und regnet.

Lisa und Mama halten sich an der Hand.

Michael Häußler: Vom Situationsbild zum Lesen
© Persen Verlag

Name:	Datum:

Lisa sucht Ostereier

Lisa ist mit Mama und Papa im Garten.

Lisa sucht Ostereier und Süßes.

Lisa hat ein buntes Ei in der Hand.

Ein buntes Ei liegt unter dem Strauch.

Auf dem Baum sitzt ein Vogel.

Ein Schokoladen-Hase sitzt unter dem Baum.

Neben dem Haus blühen Blumen.

Die Fenster im Haus sind offen, denn es ist warm.

Bienen und Schmetterlinge fliegen durch die Luft.

Im Gras liegen viele bunte Eier.

Die Sonne scheint und es ist warm.

Mama und Papa halten sich an der Hand.

Material 1: Bild mit Gesamtsituation

Michael Häußler: Vom Situationsbild zum Lesen
© Persen Verlag

Sonne	Himmel
heiß	Schatten
essen/isst	Brötchen
Pommes	Buch

sitzen/sitzt	Ball
fangen	Wasser
Becken	schlafen/schläft
schwimmen/schwimmt	Gras

Material 3: Bildausschnitte zum Zuordnen der Wortkarten

Name:	Datum:

Im Schwimmbad

 Verbinde die Sätze mit dem richtigen Bild.

Die Sonne scheint. •

Der große Baum macht einen Schatten. •

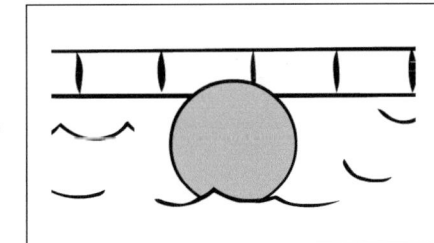

Frau Groß sitzt auf einer Decke. •

Eine Frau schwimmt im Becken. •

Im Wasser schwimmt ein großer roter Ball. •

Material 4: Zuordnung Satz – Bild

Die Sonne scheint. Es ist heute sehr heiß.

Der Himmel ist blau. Keine Wolke ist zu sehen.

Fritz hat Hunger. Er isst Pommes.

Frau Groß sitzt mit Mia unter einem Baum.

Der große Baum macht einen Schatten.

Frau Groß sitzt auf einer Decke und liest ein Buch.

Mia isst ein Brötchen. Neben ihr steht eine Flasche Saft.

Jan und Julia laufen um das Becken. Jan will Julia fangen.

Eine Frau schwimmt im Becken.

Im Wasser schwimmt ein großer roter Ball.

Lea sitzt am Becken. Ihre Füße sind im Wasser.

Im Gras liegt ein Mann und schläft.

Material 5: Satzstreifen mit passenden Sätzen

Michael Häußler: Vom Situationsbild zum Lesen
© Persen Verlag

Heute ist es kalt und es regnet.

Am Himmel sind viele Wolken.

Fritz hat Hunger. Er isst ein Eis.

Frau Groß sitzt mit Mia auf einer Bank.

Ein Sonnenschirm macht einen Schatten.

Frau Groß liest eine Zeitung.

Mia trinkt Cola.

Jan und Julia sitzen am Becken.

Zwei Frauen schwimmen im Becken.

Im Wasser schwimmt eine kleine Ente.

Lea hält ihre Hand in das Wasser.

Auf einer Decke sitzt ein Mann und liest ein Buch.

Material 5: Satzstreifen mit „falschen" Sätzen

Name:	Datum:

Im Schwimmbad

Die Sonne scheint. Es ist heute sehr heiß.

Der Himmel ist blau. Keine Wolke ist zu sehen.

Fritz hat Hunger. Er isst Pommes.

Frau Groß sitzt mit Mia unter einem Baum.

Der große Baum macht einen Schatten.

Frau Groß sitzt auf einer Decke und liest ein Buch.

Mia isst ein Brötchen.
Neben ihr steht eine Flasche Saft.

Jan und Julia laufen um das Becken.
Jan will Julia fangen.

Eine Frau schwimmt im Becken.

Im Wasser schwimmt ein großer roter Ball.

Lea sitzt am Becken. Ihre Füße sind im Wasser.

Auf einer Decke liegt ein Mann und schläft.

Material 6: Text

Michael Häußler: Vom Situationsbild zum Lesen
© Persen Verlag

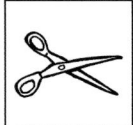

Wolken	Himmel
Blätter	Wind
Drachen	Äste
fliegen/fliegt	Birnen

Äpfel	Pferd
Baum	Hecke
Boden	laufen/läuft
liegen	Wiese

Name:	Datum:

Max und Leonie lassen Drachen steigen

 Verbinde die Sätze mit dem richtigen Bild.

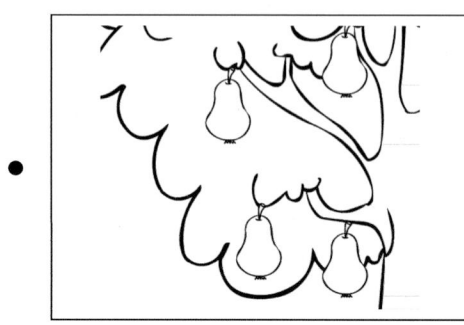

Am Himmel sind viele Wolken. •

Auf dem Boden liegen viele Äpfel. •

Unter der Hecke ist ein Igel. •

Das Pferd frisst eine Birne. •

An einem großen Baum sind viele Birnen. •

Michael Häußler: Vom Situationsbild zum Lesen
© Persen Verlag

Am Himmel sind viele Wolken.

Der Wind weht. So können die Drachen gut fliegen.

An einem großen Baum hängen viele Äpfel.

Der Wind pustet die Blätter von den Ästen.

Auf dem Boden liegen viele Äpfel.

Max lässt seinen Drachen fliegen.

Leonie läuft mit ihrem Drachen über die Wiese.
Die Schnur hat sie fest in der Hand.

Auf der Wiese steht ein weißes Pferd.

Das Pferd frisst eine Birne.

Unter der Hecke ist ein Igel.

An einem großen Baum sind viele Birnen.

Max und Leonie lachen.

Am Himmel scheint die Sonne.

Am Himmel sind viele Wolken. Es regnet.

An einem Baum hängen Kirschen.

An den Ästen sind keine Blätter mehr.

Auf dem Boden liegt ein Hut.

Max spielt mit einem kleinen Hund.

Leonie steht auf der Wiese.

Auf der Wiese steht eine Kuh.

Das Pferd frisst einen Apfel.

Unter der Hecke ist eine kleine Katze.

Max sitzt auf dem großen Baum.

Max und Leonie sitzen unter dem großen Baum.

Material 5: Satzstreifen mit „falschen" Sätzen

Michael Häußler: Vom Situationsbild zum Lesen
© Persen Verlag

Name:	Datum:

Max und Leonie lassen Drachen steigen

Am Himmel sind viele Wolken.

Der Wind weht. So können die Drachen gut fliegen.

An einem großen Baum hängen viele Äpfel.

Der Wind pustet die Blätter von den Ästen.

Auf dem Boden liegen viele Äpfel.

Max lässt seinen Drachen fliegen.

Leonie läuft mit ihrem Drachen über die Wiese.
Die Schnur hat sie fest in der Hand.

Auf der Wiese steht ein weißes Pferd.

Das Pferd frisst eine Birne.

Unter der Hecke ist ein Igel.

An einem großen Baum sind viele Birnen.

Max und Leonie lachen.

Material 1: Bild mit Gesamtsituation

Michael Häußler: Vom Situationsbild zum Lesen
© Persen Verlag

Tanne/Tannen	Rauch
Schnee	Schornstein
werfen/wirft	Schlitten
Schneeball	ziehen/zieht
	Kinder

Mütze	Besen
Handschuhe	Karotte
fahren	liegen/liegt
Schlittschuhe	Schneemann
Eis	Hut

Material 3: Bildausschnitte zum Zuordnen der Wortkarten

Michael Häußler: Vom Situationsbild zum Lesen
© Persen Verlag

Name:	Datum:

Spaß in Schnee und Eis

 Verbinde die Sätze mit dem richtigen Bild.

Ein Kind liegt auf dem Eis. •

Da steht ein großer Schneemann. •

Leonie und Max haben einen Schlitten. •

Auf den Tannen liegt viel Schnee. •

Aus einem Schornstein kommt Rauch. •

Viele Kinder sind auf dem Eis.

Die Kinder auf dem Eis haben Schlittschuhe an.

Es ist kalt. Die Kinder haben eine Mütze auf dem Kopf.

Viele Kinder haben Handschuhe an.

Die Kinder fahren mit den Schlittschuhen auf dem Eis.

Oh weh! Ein Kind liegt auf dem Eis.

Da steht ein großer Schneemann.

Der Schneemann hat einen Hut auf dem Kopf und einen Besen in der Hand.

Der Schneemann hat eine Karotte als Nase.

Leonie und Max haben einen Schlitten.

Leonie fährt auf dem Schlitten, Max zieht seinen Schlitten.

Auf den Tannen liegt viel Schnee.

Jan wirft einen Schneeball.

Aus einem Schornstein kommt Rauch.

Michael Häußler: Vom Situationsbild zum Lesen
© Persen Verlag

Ein Kind ist auf dem Eis.

Die Kinder auf dem Eis haben einen Schlitten.

Die Kinder haben einen Hut auf dem Kopf.

Die Kinder haben Halbschuhe an.

Die Kinder fahren mit dem Schlitten auf dem Eis.

Ein Hund ist auf dem Eis.

Die Kinder haben eine Schneeburg gebaut.

Der Schneemann hat eine Mütze auf dem Kopf.

Der Schneemann hat eine Kartoffel als Nase.

Leonie und Max sind zu Hause.

Leonie und Max fahren mit dem Fahrrad.

Auf dem Auto liegt Schnee.

Jan wirft einen Ball.

Auf der Tanne sitzt ein Vogel.

Name:	Datum:

Spaß in Schnee und Eis

Viele Kinder sind auf dem Eis.

Die Kinder auf dem Eis haben Schlittschuhe an.

Es ist kalt.

Die Kinder haben eine Mütze auf dem Kopf.

Viele Kinder haben Handschuhe an.

Die Kinder fahren mit den Schlittschuhen auf dem Eis.

Oh weh! Ein Kind liegt auf dem Eis.

Da steht ein großer Schneemann.

Der Schneemann hat einen Hut auf dem Kopf und einen Besen in der Hand.

Der Schneemann hat eine Karotte als Nase.

Leonie und Max haben einen Schlitten.

Leonie fährt auf dem Schlitten, Max zieht seinen Schlitten.

Aus einem Schornstein kommt Rauch.

Auf den Tannen liegt viel Schnee.

Jan wirft einen Schneeball.

Material 6: Text

Michael Häußler: Vom Situationsbild zum Lesen
© Persen Verlag

Löffel	Schrank
Herd	Salatschüssel
Tomatensoße	Tasse/Tassen

Kühlschrank	Würstchen
Schüssel	Tasche
Flasche	Tisch

Michael Häußler: Vom Situationsbild zum Lesen
© Persen Verlag

Material 3: Bildausschnitte zum Zuordnen der Wortkarten

Name:	Datum:

In der Küche

 Verbinde die Sätze mit dem richtigen Bild.

Herr Moser steht am Herd. •   •

Frau Moser hat die
Salatschüssel in der Hand. •   •

Eva Moser schaut in den Kühlschrank. •   •

Hans hat ein Brot in seiner Tasche. •   •

Der kleine Hund liegt
neben dem Kühlschrank. •   •

Michael Häußler: Vom Situationsbild zum Lesen
© Persen Verlag

Herr Moser steht am Herd. Er kocht Nudeln mit Tomatensoße.

Herr Moser hat einen Löffel in der Hand.

Frau Moser will den Salat waschen.

Frau Moser hat die Salatschüssel in der Hand.

Eva Moser schaut in den Kühlschrank.

Hans Moser kommt in die Küche. Er hat eine Tasche dabei.

Hans hat ein Brot in seiner Tasche.

Auf dem Tisch stehen Milch, Wein, Kekse und Würstchen.

Der kleine Hund liegt neben dem Kühlschrank.

Im Schrank sind Tassen und Teller.

Auf dem Kühlschrank steht eine Schüssel mit Obst.

Im Kühlschrank sind zwei Flaschen.

Herr Moser hat ein Messer in der Hand.

Herr Moser schneidet Zwiebeln.

Frau Moser will das Geschirr spülen.

Frau Moser hat einen Topf in der Hand.

Eva Moser schaut in den Herd.

Hans Moser kommt in die Küche. In seiner Tasche ist Milch.

Hans hat eine Mütze auf dem Kopf.

Auf dem Tisch stehen Tassen und Teller.

Der kleine Hund liegt unter dem Tisch.

Im Schrank sind viele Gläser.

Auf dem Kühlschrank stehen Blumen.

Im Kühlschrank ist ein Brot.

Material 5: Satzstreifen mit „falschen" Sätzen

Name:	Datum:

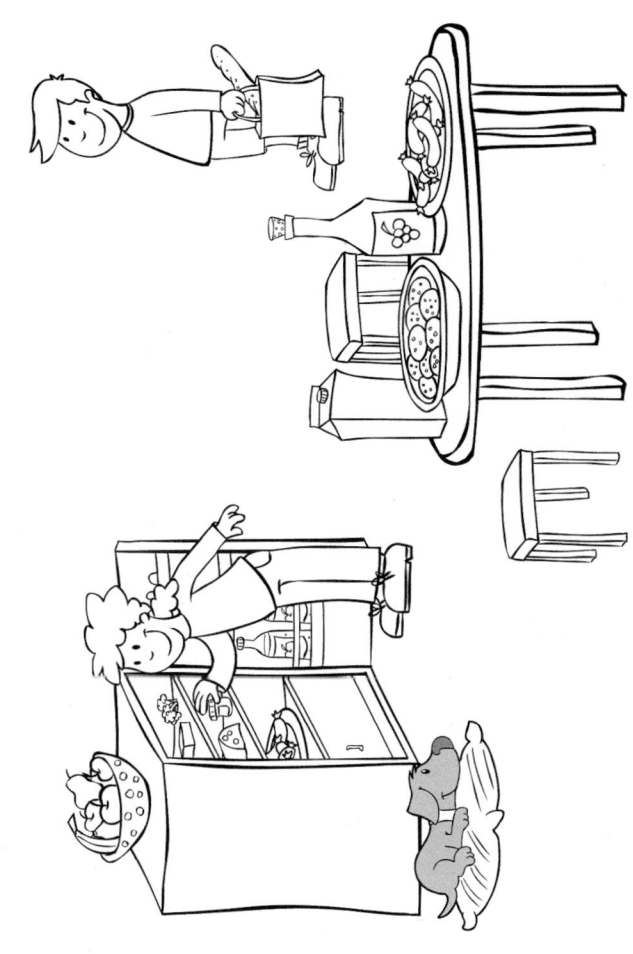

In der Küche

Herr Moser steht am Herd.
Er kocht Nudeln mit Tomatensoße.

Herr Moser hat einen Löffel in der Hand.

Frau Moser will den Salat waschen.

Frau Moser hat die Salatschüssel in der Hand.

Eva Moser schaut in den Kühlschrank.

Hans Moser kommt in die Küche.
Er hat eine Tasche dabei.

Hans hat ein Brot in seiner Tasche.

Auf dem Tisch stehen Milch, Wein, Kekse
und Würstchen.

Der kleine Hund liegt neben dem Kühlschrank.

Im Schrank sind Tassen und Teller.

Auf dem Kühlschrank steht eine Schüssel
mit Obst.

Im Kühlschrank sind zwei Flaschen.

Material 1: Bild mit Gesamtsituation

Fenster	Schrank
Bücher	Zeitung
telefonieren/telefoniert	lesen/liest
Vase	Fernseher

Tisch	Ball
Brief	Katze
schreiben/schreibt	liegen/liegt
spielen/spielt	Sofa

Material 3: Bildausschnitte zum Zuordnen der Wortkarten

Michael Häußler: Vom Situationsbild zum Lesen
© Persen Verlag

Name:	Datum:

Im Wohnzimmer

 Verbinde die Sätze mit dem richtigen Bild.

Herr Gruber liest die Zeitung. •

Frau Gruber telefoniert. •

Lili schreibt einen Brief. •

Am Fenster steht eine Vase mit Blumen. •

Die Katze liegt auf dem Sofa. •

Herr Gruber sitzt im Sessel. Er liest die Zeitung.

Robert spielt mit seinen Autos.

Frau Gruber telefoniert mit Oma.

Lili sitzt am Tisch. Sie schreibt einen Brief.

Am Fenster steht eine Vase mit Blumen.

Im Schrank sind Bücher.

Im Schrank steht der Fernseher.

Auf dem kleinen Tisch steht ein Glas Bier.

Die Katze liegt auf dem Sofa.

Auf dem großen Tisch liegt ein Buch.

Hinter dem Sessel steht eine große Lampe.

Auf dem Boden liegt ein Ball.

Herr Gruber sitzt mit der Zeitung auf dem Sofa.

Robert spielt mit seinem Teddy.

Frau Gruber gießt die Blumen.

Lili sitzt auf dem Sofa.

Lili malt ein Bild.

Die Katze liegt auf dem Tisch.

Auf dem kleinen Tisch steht eine Vase mit Blumen.

An der Wand hängt ein Bild.

Die Katze sitzt am Fenster und schaut hinaus.

Auf dem großen Tisch liegt das Telefon.

Frau Gruber liest die Zeitung.

Im Schrank sind Teller und Tassen.

Name:	Datum:

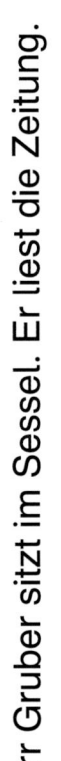

Im Wohnzimmer

Herr Gruber sitzt im Sessel. Er liest die Zeitung.

Robert spielt mit seinen Autos.

Frau Gruber telefoniert mit Oma.

Lili sitzt am Tisch. Sie schreibt einen Brief.

Am Fenster steht eine Vase mit Blumen.

Im Schrank sind Bücher.

Im Schrank steht der Fernseher.

Auf dem kleinen Tisch steht ein Glas Bier.

Die Katze liegt auf dem Sofa.

Auf dem großen Tisch liegt ein Buch.

Hinter dem Sessel steht eine große Lampe.

Auf dem Boden liegt ein Ball.

Michael Häußler: Vom Situationsbild zum Lesen
© Persen Verlag

Spaghetti	Bild
Uhr	Brot
essen/isst	trinken/trinkt
Suppe	Salz

	Soße
Schüssel	heiß
Salat	Teller
füttern/füttert	Saft

Material 2: Wortkarten

Michael Häußler: Vom Situationsbild zum Lesen
© Persen Verlag

Material 3: Bildausschnitte zum Zuordnen der Wortkarten

Name:	Datum:

Heute gibt es Spaghetti

 Verbinde die Sätze mit dem richtigen Bild.

Opa isst seine Suppe. •

In einer Schüssel ist Salat. •

Oma füttert die kleine Lisa. •

Herr Gruber trinkt ein Glas Saft. •

Neben dem Fenster steht eine große Uhr. •

Michael Häußler: Vom Situationsbild zum Lesen
© Persen Verlag

Frau Huber bringt eine große Schüssel mit Spaghetti herein.

Opa isst seine Suppe. Sie schmeckt ihm sehr gut.

Neben dem Fenster steht eine große Uhr.

An der Wand ist ein großes Bild.

In einer Schüssel ist Salat.

In einer Schüssel ist die heiße Soße für die Spaghetti.

Oma füttert die kleine Lisa.

Max bringt die Teller für die Spaghetti.

Auf dem Tisch steht eine Flasche mit Saft.

Herr Gruber trinkt ein Glas Saft.

Ein Korb mit Brot steht auf dem Tisch.

Neben dem Brot ist das Salz.

Frau Huber bringt Opa den Saft.

Opa trinkt ein Glas Saft.

Neben dem Fenster ist ein Bild.

Die Spaghetti sind auf den Tellern.

Papa isst den Salat.

Zu den Spaghetti gibt es heute keine Soße.

Oma isst noch die Suppe.

Max bringt der kleinen Lisa den Saft.

Auf dem Tisch steht eine Flasche Milch.

Opa bringt die Teller für die Spaghetti.

An der Wand hängt eine Uhr.

Mama hat das Salz.

Michael Häußler: Vom Situationsbild zum Lesen
© Persen Verlag

Name:	Datum:

Heute gibt es Spaghetti

Frau Huber bringt eine große Schüssel mit Spaghetti herein.

Opa isst seine Suppe. Sie schmeckt ihm sehr gut.

Neben dem Fenster steht eine große Uhr.

An der Wand ist ein großes Bild.

In einer Schüssel ist Salat.

In einer Schüssel ist die heiße Soße für die Spaghetti.

Oma füttert die kleine Lisa.

Max bringt die Teller für die Spaghetti.

Auf dem Tisch steht eine Flasche mit Saft.

Herr Gruber trinkt ein Glas Saft.

Ein Korb mit Brot steht auf dem Tisch.

Neben dem Brot ist das Salz.

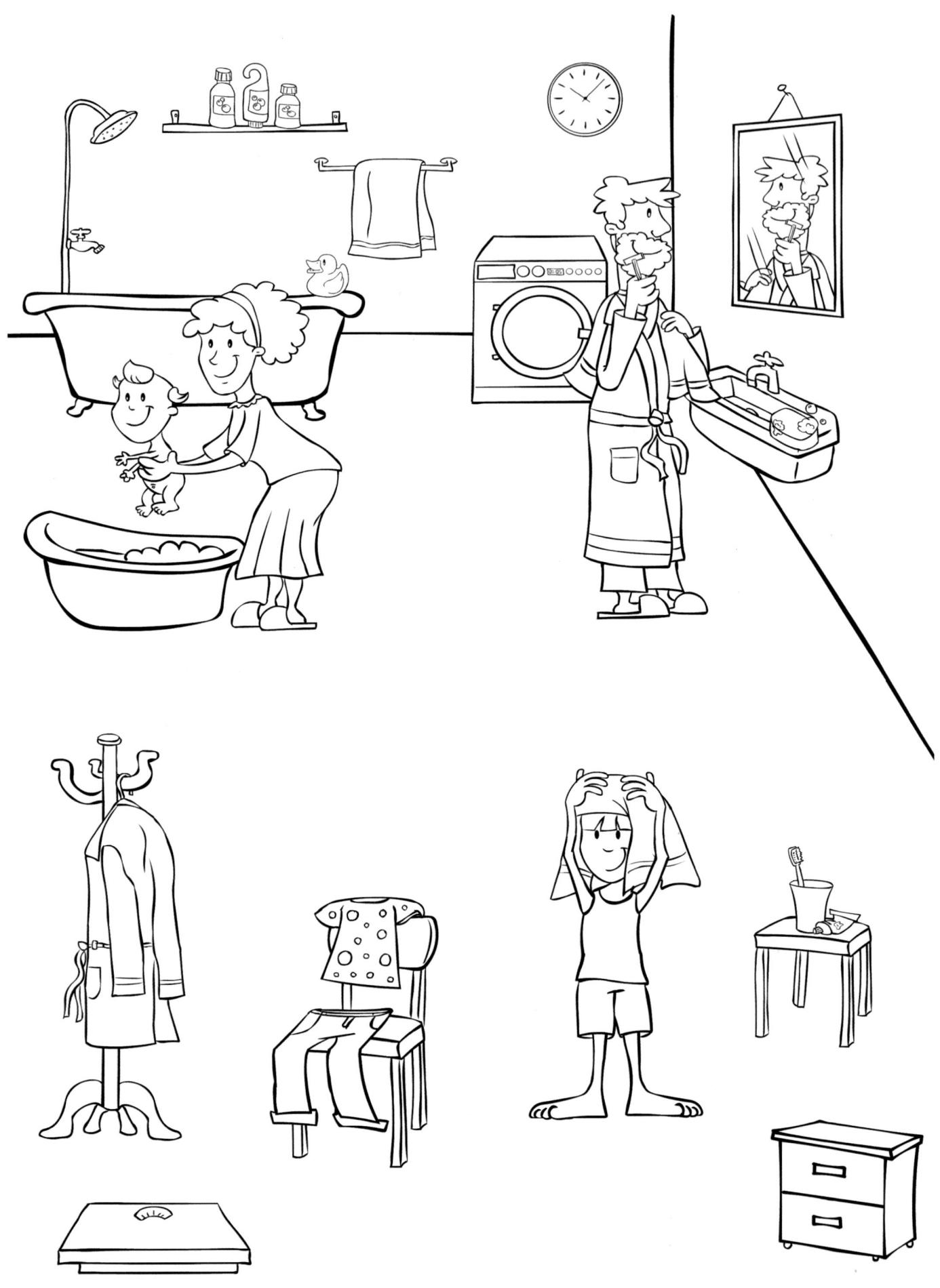

Material 1: Bild mit Gesamtsituation

baden	Waschmaschine
Baby	rasieren/rasiert
Badewanne	Spiegel
Handtuch	Waschbecken

Bademantel	Haare
Waage	trocknen/trocknet
hängen/hängt	Zahnbürste
Stuhl	Schrank

Material 3: Bildausschnitte zum Zuordnen der Wortkarten

Michael Häußler: Vom Situationsbild zum Lesen
© Persen Verlag

Name:	Datum:

Im Badezimmer

 Verbinde die Sätze mit dem richtigen Bild.

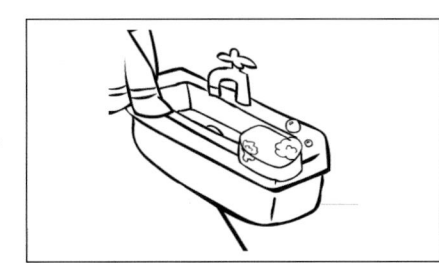

Im Badezimmer ist eine Badewanne. •

An der Wand hängt ein großes Handtuch. •

Auf dem Waschbecken liegt die Seife. •

Sabine Blau trocknet ihre Haare. •

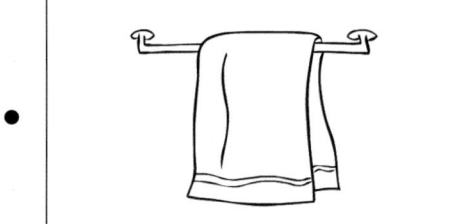

Herr Blau rasiert sich. •

Frau Blau badet die kleine Anna.

Die kleine Anna ist noch ein Baby.

Im Badezimmer ist eine Badewanne.

An der Wand hängt ein großes Handtuch.

Im Badezimmer ist eine Waschmaschine.

Herr Blau rasiert sich vor dem Spiegel.

Auf dem Waschbecken liegt die Seife.

Sabine Blau trocknet ihre Haare mit einem großen Handtuch.

Auf einem Hocker ist Sabines Zahnbürste,
denn sie muss sich noch die Zähne putzen.

Auf einem Ständer hängt ein Bademantel.

Auf dem Boden steht eine Waage.

Auf einem kleinen Stuhl liegt die Hose von Sabine.

Michael Häußler: Vom Situationsbild zum Lesen
© Persen Verlag

Herr Blau badet die kleine Anna.

Das Baby krabbelt auf dem Boden.

Im Badezimmer ist keine Badewanne.

Auf dem Boden liegt ein großes Handtuch.

Im Badezimmer ist eine Spülmaschine.

Herr Blau putzt sich die Zähne.

Die Seife ist in der Badewanne.

Frau Blau wäscht sich die Haare.

Sabine rasiert sich vor dem Spiegel.

An der Wand hängt Herr Blaus Wintermantel.

Unter dem Waschbecken steht eine Waage.

Die Hose von Sabine hängt an der Wand.

Name:	Datum:

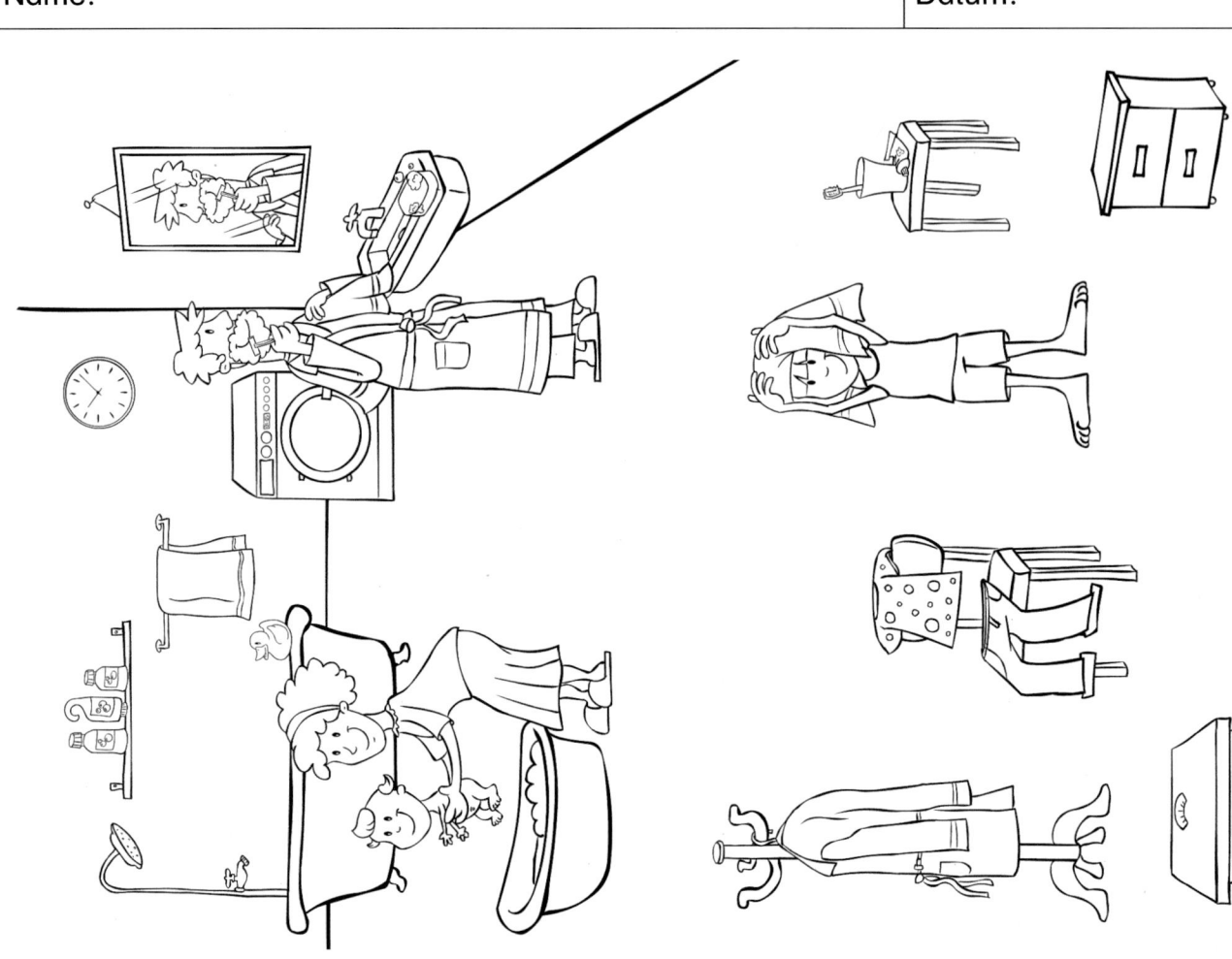

Im Badezimmer

Frau Blau badet die kleine Anna.

Die kleine Anna ist noch ein Baby.

Im Badezimmer ist eine Badewanne.

An der Wand hängt ein großes Handtuch.

Im Badezimmer ist eine Waschmaschine.

Herr Blau rasiert sich vor dem Spiegel.

Auf dem Waschbecken liegt die Seife.

Sabine Blau trocknet ihre Haare mit einem großen Handtuch.

Auf einem Hocker ist Sabines Zahnbürste, denn sie muss sich noch die Zähne putzen.

Auf einem Ständer hängt ein Bademantel.

Auf dem Boden steht eine Waage.

Auf einem kleinen Stuhl liegt die Hose von Sabine.

Material 6: Text

Michael Häußler: Vom Situationsbild zum Lesen
© Persen Verlag

Palme/Palmen	Mast
Insel	Wind
sehen/sieht	Segel
	Fahne

singen	Papagei
Pirat/Piraten	Kapitän
Schatz	Fass
Wasser	Fisch/Fische

Material 2: Wortkarten

Michael Häußler: Vom Situationsbild zum Lesen
© Persen Verlag

Name:	Datum:

Das Piratenschiff

 Verbinde die Sätze mit dem richtigen Bild.

Der Wind bläst. •

Die Fahne flattert im Wind. •

Der Kapitän hat einen großen Hut auf. •

Im Meer ist eine Insel. •

Auf dem Fass sitzt Lora, der Papagei. •

Im Meer ist eine Insel mit Palmen.

Ein Pirat auf dem Mast sieht durch ein Fernrohr.

Ein Pirat klettert auf den Mast.

Der Wind bläst.

Das Schiff hat zwei große Segel.

Die Fahne flattert im Wind.

In einer großen Kiste ist ein Schatz.

Die Piraten freuen sich. Sie singen und lachen.

Auf dem Fass sitzt Lora, der Papagei.

Der Kapitän hat einen großen Hut auf.

Der Kapitän steht neben einem großen Fass. Was ist wohl darin?

Im Wasser sind viele große und kleine Fische.

Im Meer ist eine Insel mit vielen Blumen.

Ein Pirat auf dem Mast schläft.

Drei Piraten klettern auf den Mast.

Es regnet.

Das Schiff hat ein großes Segel.

Auf der Fahne ist ein Papagei.

In einer Kiste sitzt der Kapitän.

Die Piraten sind im Wasser.

Der Papagei sitzt auf dem Kapitän.

Der Kapitän sitzt auf dem Fass.

Im Fass ist ein Schatz.

Die Piraten fangen die Fische.

Material 5: Satzstreifen mit „falschen" Sätzen

Michael Häußler: Vom Situationsbild zum Lesen
© Persen Verlag

Name:	Datum:

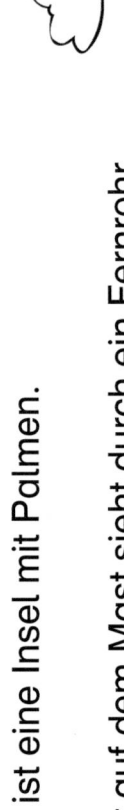

Das Piratenschiff

Im Meer ist eine Insel mit Palmen.

Ein Pirat auf dem Mast sieht durch ein Fernrohr.

Ein Pirat klettert auf den Mast.

Der Wind bläst.

Das Schiff hat zwei große Segel.

Die Fahne flattert im Wind.

In einer großen Kiste ist ein Schatz.

Die Piraten freuen sich. Sie singen und lachen.

Der Kapitän hat einen großen Hut auf.

Der Kapitän steht neben einem großen Fass.
Was ist wohl darin?

Auf dem Fass sitzt Lora, der Papagei.

Im Wasser sind viele große und kleine Fische.

Material 1: Bild mit Gesamtsituation

Michael Häußler: Vom Situationsbild zum Lesen
© Persen Verlag

Eule	Himmel
rufen/ruft	Mond
Uhr	Bäume
schlagen/schlägt	Schatten

Hexe	Gespenst
Katze	Spinne
fliegen/fliegt	Kette
Spiegel	verstecken/versteckt

Michael Häußler: Vom Situationsbild zum Lesen
© Persen Verlag

Material 2: Wortkarten

Material 3: Bildausschnitte zum Zuordnen der Wortkarten

Michael Häußler: Vom Situationsbild zum Lesen
© Persen Verlag

Name:	Datum:

Geisterstunde im Schloss

 Verbinde die Sätze mit dem richtigen Bild.

Am Himmel ist der Mond. •

Die Bäume haben einen Schatten. •

Auf dem Turm sitzt die Eule. •

Da ist Flori, das Gespenst. •

An der Decke ist eine
fette schwarze Spinne. •

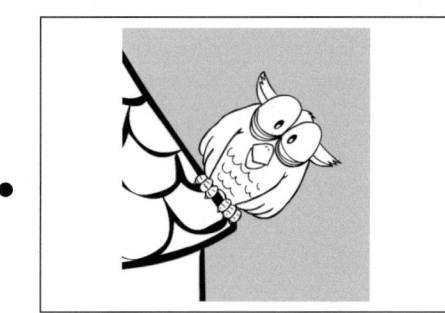

Der Himmel ist dunkel.

Der Mond steht am Himmel.

Die Bäume haben einen Schatten. Die Schatten sind wie Hände.

Die große Uhr am Turm schlägt 12. Jetzt ist Geisterstunde.

Auf dem Turm sitzt die Eule Eulalia und ruft: „Schu-hu, Schu-hu!"

Im Schloss fliegt die Hexe Lola herum.

Die Hexe Lola hat ihre Katze dabei. Die Katze heißt Karla.

An der Wand hängt ein großer Spiegel.

Das Gespenst Flori freut sich.

Das Gespenst Flori hat eine große Kette dabei.

An der Decke ist eine fette schwarze Spinne.

Unter einem Stuhl hat sich eine kleine Maus versteckt.

Michael Häußler: Vom Situationsbild zum Lesen
© Persen Verlag

Der Himmel ist blau.

Am Himmel ist die Sonne.

Die Bäume haben viele Blätter.

Die Uhr am Turm schlägt 3.

Auf dem Turm sitzt die Katze Karla.

Im Schloss fliegt die Eule Eulalia herum.

Die Hexe hat eine kleine Maus dabei.

An der Wand hängt ein Bild.

Das Gespenst Flori sitzt auf dem Stuhl.

Das Gespenst hat eine Katze dabei.

Unter dem Stuhl hat sich eine Spinne versteckt.

Die kleine Maus sitzt auf dem Stuhl.

Name:	Datum:

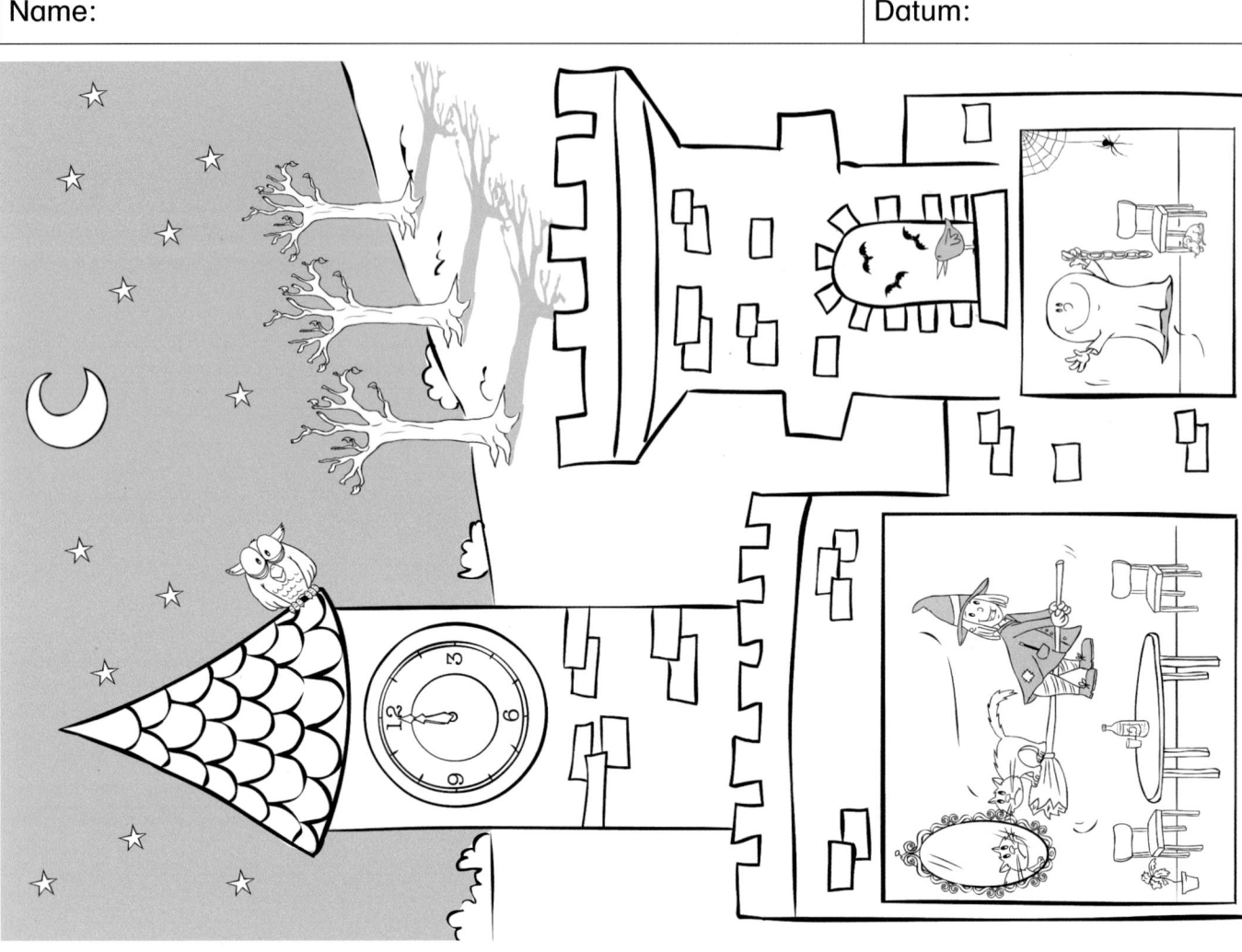

Geisterstunde im Schloss

Der Himmel ist dunkel.

Der Mond steht am Himmel.

Die Bäume haben einen Schatten.
Die Schatten sind wie Hände.

Die große Uhr am Turm schlägt 12.
Jetzt ist Geisterstunde.

Auf dem Turm sitzt die Eule Eulalia und ruft
„Schu-hu! Schu-hu!"

Im Schloss fliegt die Hexe Lola herum.

Die Hexe Lola hat ihre Katze dabei.
Die Katze heißt Karla.

An der Wand hängt ein großer Spiegel.

Das Gespenst Flori freut sich.

Das Gespenst Flori hat eine große Kette dabei.

An der Decke ist eine fette schwarze Spinne.

Unter einem Stuhl hat sich eine kleine
Maus versteckt.

Wald	Pferd/Pferde
Zelt/Zelte	sitzen/sitzt
wohnen	schnell
Hund	Wiese

kochen/kocht	tanzen
Topf	Fluss
Feuer	schwimmen
spielen	Boot

Michael Häußler: Vom Situationsbild zum Lesen
© Persen Verlag

Name:	Datum:

Bei den Indianern

 Verbinde die Sätze mit dem richtigen Bild.

Auf der Wiese stehen viele bunte Zelte. •

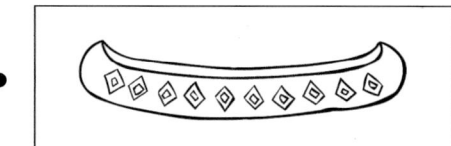

Auf dem Feuer ist ein großer Topf. •

Auf der Wiese sind die Pferde. •

Kleine Wolke und Bunte Feder spielen. •

Am Fluss ist ein Boot. •

Michael Häußler: Vom Situationsbild zum Lesen
© Persen Verlag

Auf der Wiese stehen viele bunte Zelte.

In den Zelten wohnen die Indianer.

Ein kleiner Hund ist bei den Zelten.

Kleiner Adler und Schneller Pfeil gehen in den Wald. Sie wollen jagen.

Auf dem Feuer ist ein großer Topf.

Große Wolke kocht das Essen.

Kleine Wolke und Bunte Feder spielen im Gras.

Auf der Wiese sind die Pferde.

Heller Blitz sitzt auf seinem Pferd. Er reitet ganz schnell über die Wiese.

Grauer Wolf und sein Bruder Weißes Pferd tanzen auf der Wiese am Fluss.

Kleiner Biber schwimmt im Fluss. Das Wasser ist kalt.

Am Fluss ist ein Boot.

Auf der Wiese steht ein Zelt.

In den Zelten wohnen die Pferde.

Ein kleiner Hund ist am Fluss.

Kleiner Adler und Schneller Pfeil wollen im Wald Fische fangen.

Beim Feuer sind viele Indianer.

Kleine Wolke und Bunte Feder kochen das Essen.

Zwei Hunde spielen im Gras.

Auf der Wiese ist ein Pferd.

Heller Blitz sitzt im Boot.

Heller Blitz fängt einen Fisch.

Der Hund schwimmt im Fluss.

Am Fluss stehen viele Iglus.

Material 5: Satzstreifen mit „falschen" Sätzen

Michael Häußler: Vom Situationsbild zum Lesen
© Persen Verlag

Name:	Datum:

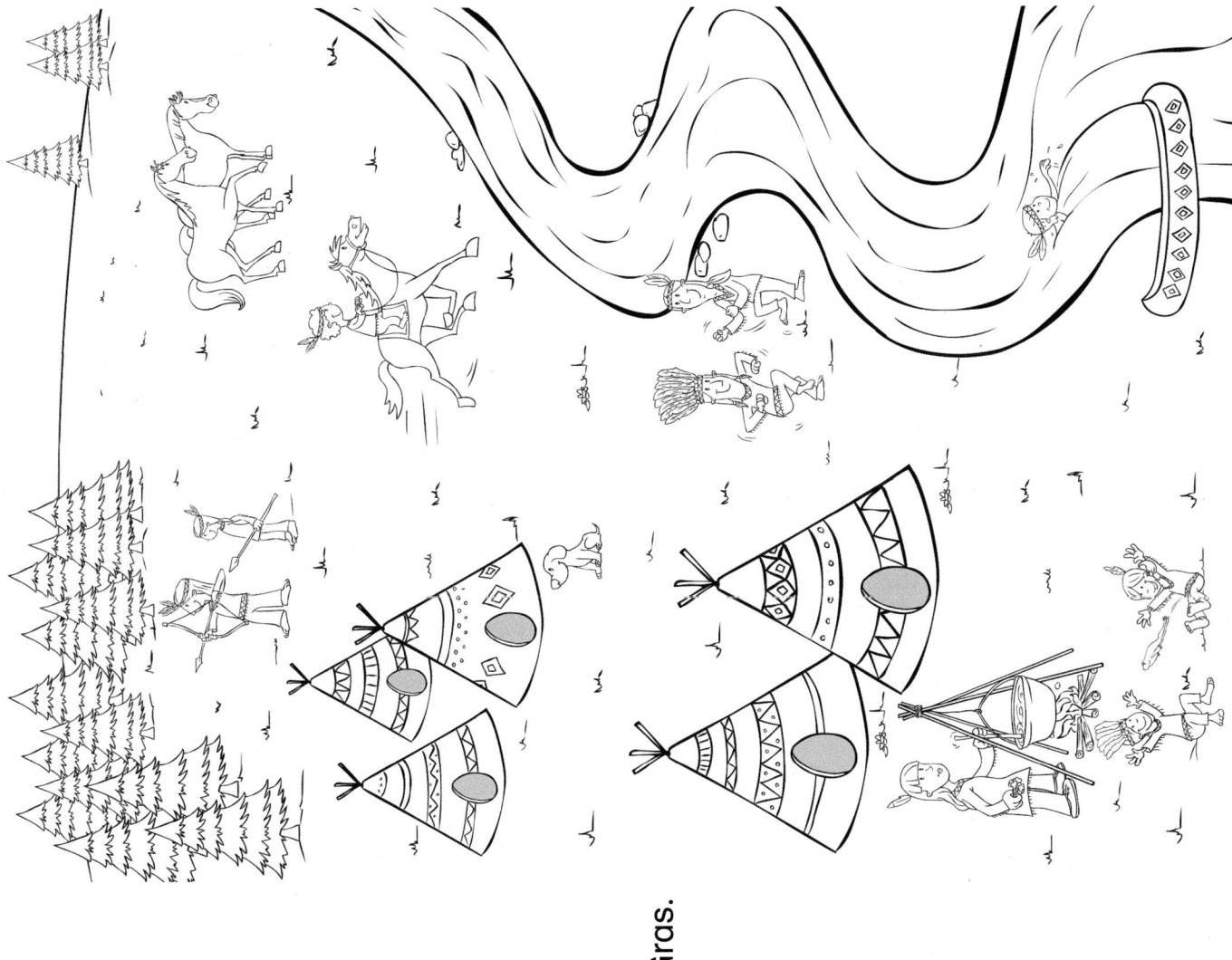

Bei den Indianern

Auf der Wiese stehen viele bunte Zelte.

In den Zelten wohnen die Indianer.

Ein kleiner Hund ist bei den Zelten.

Kleiner Adler und Schneller Pfeil gehen in den Wald. Sie wollen jagen.

Auf dem Feuer ist ein großer Topf.

Große Wolke kocht das Essen.

Kleine Wolke und Bunte Feder spielen im Gras.

Auf der Wiese sind die Pferde.

Heller Blitz sitzt auf seinem Pferd. Er reitet ganz schnell über die Wiese.

Grauer Wolf und sein Bruder Weißes Pferd tanzen auf der Wiese am Fluss.

Kleiner Biber schwimmt im Fluss. Das Wasser ist kalt.

Am Fluss ist ein Boot.

Material 1: Bild mit Gesamtsituation

Michael Häußler: Vom Situationsbild zum Lesen
© Persen Verlag

heiß	Giraffe/Giraffen
Löwe	fressen
hungrig	Blätter
Busch	Bäume

Zebra	Elefant
trinken	groß
Durst	beobachten/beobachtet
Wasser	Auto

Material 3: Bildausschnitte zum Zuordnen der Wortkarten

Michael Häußler: Vom Situationsbild zum Lesen
© Persen Verlag

Name:	Datum:

Tiere in Afrika

 Verbinde die Sätze mit dem richtigen Bild.

Die Sonne steht am Himmel. •

Da sind zwei Giraffen. •

Die Giraffen fressen Blätter. •

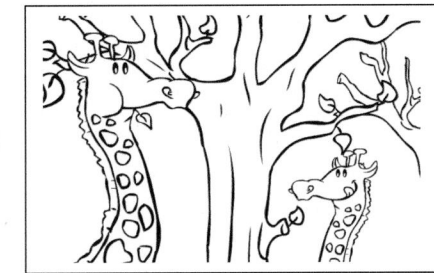

Hinter einem Busch liegt der Löwe. •

Der Elefant hat große Ohren. •

Die Sonne steht am Himmel. Es ist sehr heiß.

Hinter einem Busch liegt der Löwe.

Der Löwe ist hungrig.

Da sind zwei Giraffen. Es ist eine Mutter mit ihrem Kind.

Die Giraffen sind bei den Bäumen. Sie fressen die Blätter.

Am Wasser sind viele Tiere.

Die Tiere am Wasser wollen trinken.

Die Zebras haben Durst und trinken.

Der Elefant hat große Ohren und einen langen Rüssel.

Der Elefant ist sehr groß.

Joe, der Wildhüter, ist in seinem Auto.

Joe beobachtet die Tiere. Was wird der Löwe wohl machen?

Michael Häußler: Vom Situationsbild zum Lesen
© Persen Verlag

Hinter einem Busch sind zwei Löwen.

Der Löwe liegt unter einem Baum.

Der Löwe ist müde. Er schläft.

Da ist eine Giraffe.

Die Giraffen sind am Wasser. Sie haben Durst.

Der Elefant ist am Wasser.

Der Elefant ist am Wasser und trinkt.

Die Zebras sind unter dem Baum und fressen die Blätter.

Das Zebra hat große Ohren und einen Rüssel.

Der Elefant ist ganz klein.

Joe, der Wildhüter, ist im Wasser.

Der Löwe ist im Auto.

Name:	Datum:

Tiere in Afrika

Die Sonne steht am Himmel. Es ist sehr heiß.

Hinter einem Busch liegt der Löwe.

Der Löwe ist hungrig.

Da sind zwei Giraffen.
Es ist eine Mutter mit ihrem Kind.

Die Giraffen sind bei den Bäumen.
Sie fressen die Blätter.

Am Wasser sind viele Tiere.

Die Tiere am Wasser wollen trinken.

Die Zebras haben Durst und trinken.

Der Elefant hat große Ohren und einen
langen Rüssel.

Der Elefant ist sehr groß.

Joe, der Wildhüter, ist in seinem Auto.

Joe beobachtet die Tiere.
Was wird der Löwe wohl machen?

Material 6: Text

Michael Häußler: Vom Situationsbild zum Lesen
© Persen Verlag

Geschäft	Hund
Apfel/Äpfel	spazieren gehen
Schild	Fahrrad
Brot	fahren/fährt

Tasche	Schaukel
Ampel	spielen/spielt
Straße	Sandkasten
stehen/steht	Bank

Michael Häußler: Vom Situationsbild zum Lesen
© Persen Verlag

Name:	Datum:

In unserer Straße

 Verbinde die Sätze mit dem richtigen Bild.

Herr Braun sitzt auf der Bank. •

Elli sitzt auf der Schaukel. •

Die Ampel ist rot. •

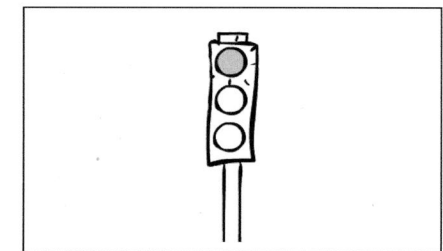

Auf einem Schild steht „Obst und Gemüse". •

In der Bäckerei gibt es frisches Brot. •

Michael Häußler: Vom Situationsbild zum Lesen
© Persen Verlag

Herr Braun sitzt auf der Bank.

Leo spielt im Sandkasten. Leo hat eine Schaufel und ein kleines Auto.

Elli sitzt auf der Schaukel. Sie lacht.

Neben der Schaukel sind zwei Bäume.

An der Ampel steht ein Auto. Im Auto ist eine Frau.

Die Ampel ist rot. Das Auto muss stehen bleiben.

Da kommt Frau Braun. Sie hat eine große Tasche.

Frau Braun ist an der Ampel und will über die Straße gehen.

Auf einem Schild steht „Obst und Gemüse".
Vor dem Geschäft sind Äpfel und Salat.

In der Bäckerei gibt es frisches Brot.

Herr Otto und sein Mops gehen spazieren.

Frau Otto fährt mit dem Fahrrad. Sie will noch einkaufen.

Herr Braun liegt auf der Bank.

Im Sandkasten spielt Leo mit einem Ball.

Ein Junge sitzt auf der Schaukel.

Neben der Schaukel sind drei Bäume.

An der Ampel stehen ein Auto und ein Fahrrad.

Die Ampel ist grün, das Auto darf fahren.

Da kommt Frau Braun. Sie hat einen kleinen Hund.

Auf einem Schild steht „Obst und Gemüse".
Vor dem Geschäft ist ein Fahrrad.

Frau Braun ist im Sandkasten.

In der Bäckerei gibt es Äpfel.

Herr Otto und sein Mops fahren im Auto.

Frau Otto ist in der Bäckerei.

Michael Häußler: Vom Situationsbild zum Lesen
© Persen Verlag

Name:	Datum:

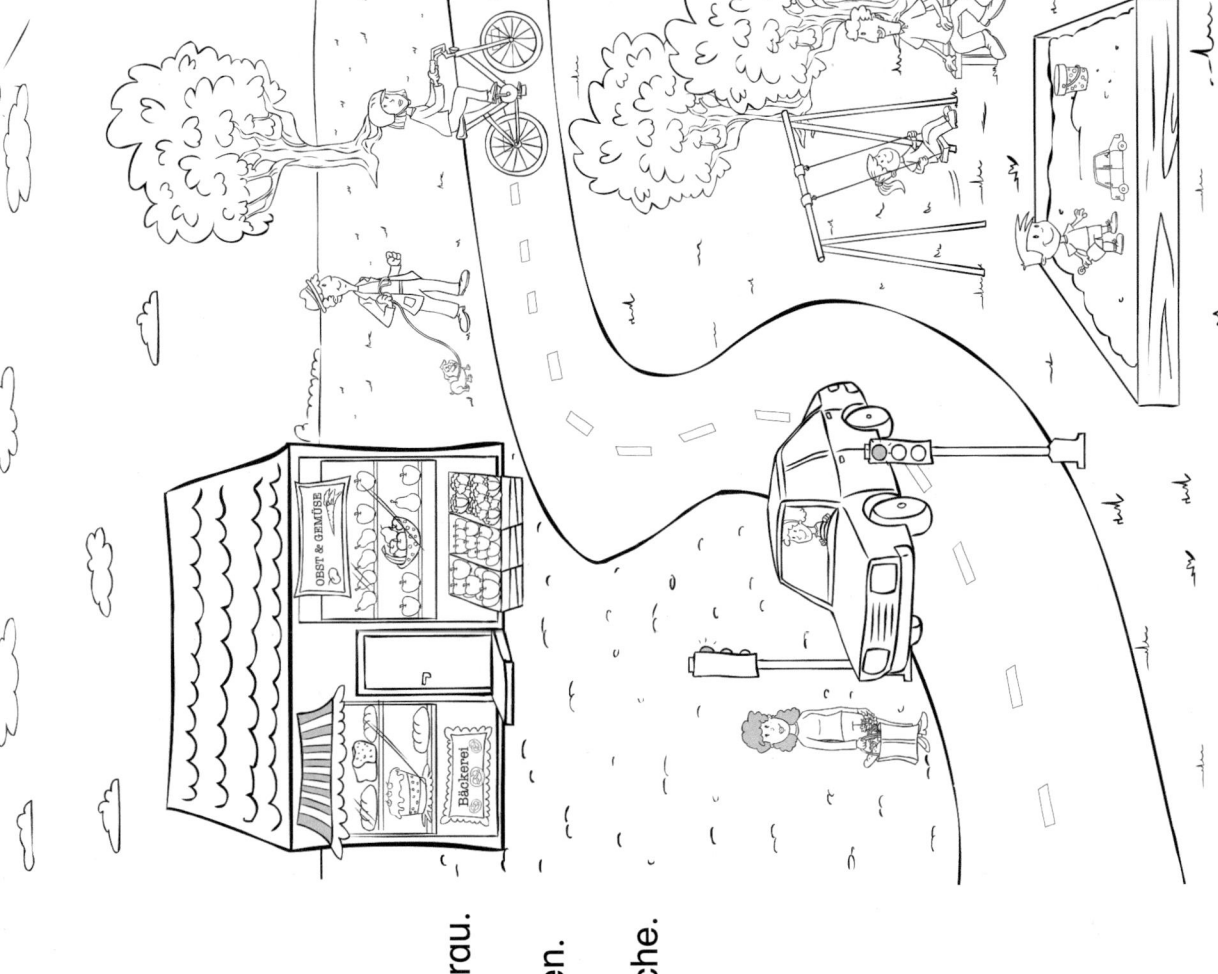

In unserer Straße

Herr Braun sitzt auf der Bank.

Leo spielt im Sandkasten.
Leo hat eine Schaufel und ein kleines Auto.

Elli sitzt auf der Schaukel. Sie lacht.

Neben der Schaukel sind zwei Bäume.

An der Ampel steht ein Auto. Im Auto ist eine Frau.

Die Ampel ist rot. Das Auto muss stehen bleiben.

Da kommt Frau Braun. Sie hat eine große Tasche.

Frau Braun ist an der Ampel und will über
die Straße gehen.

Auf einem Schild steht „Obst und Gemüse".
Vor dem Geschäft sind Äpfel und Salat.

In der Bäckerei gibt es frisches Brot.

Herr Otto und sein Mops gehen spazieren.

Frau Otto fährt mit dem Fahrrad.
Sie will noch einkaufen.

Material 1: Bild mit Gesamtsituation

pfeifen/pfeift	Fahrkarte
Zug	Schalter
Schaffner	Zeitung
winken/winkt	Koffer

lesen/liest	rennen/rennt
Fahrplan	Wurst
tragen/trägt	essen/isst
schwer	kaufen/kauft

Der Bahnhof

Imbiss

Material 3: Bildausschnitte zum Zuordnen der Wortkarten

Michael Häußler: Vom Situationsbild zum Lesen
© Persen Verlag

Name:	Datum:

Der Bahnhof

 Verbinde die Sätze mit dem richtigen Bild.

Die Leute schauen aus dem Fenster. •

Der Schaffner pfeift. •

Ein Mann trägt einen schweren Koffer. •

Herr Schulz rennt ganz schnell. •

Rudi kauft ein Cola. •

Der Zug fährt gleich ab. Die Leute schauen aus dem Fenster.

Der Schaffner pfeift. Gleich fährt der Zug los.

Im Bahnhof gibt es eine große Uhr.

Die Leute im Zug winken.

Herr Klein und Lena stehen auf dem Bahnsteig und winken der Oma.

Die Oma ist im Zug und winkt. Sie fährt nach Hause.

Ein Mann trägt einen schweren Koffer.

Vor dem großen Fahrplan steht Jan mit seiner Mama.
Wann geht der Zug nach Berlin?

Am Schalter steht Frau Groß mit ihrem Koffer. Sie kauft eine Fahrkarte.

Am Bahnhof kann man auch eine Zeitung kaufen.

Herr Schulz rennt ganz schnell. Sein Zug fährt gleich ab.

Rudi kauft eine Cola und sein Freund Franz isst eine Wurst.

Michael Häußler: Vom Situationsbild zum Lesen
© Persen Verlag

Der Zug bleibt stehen. Die Leute steigen aus.

Der Schaffner isst eine Wurst.

Im Bahnhof gibt es viele Uhren.

Die Leute im Zug schlafen.

Herr Klein und Lena kaufen eine Zeitung.

Die Oma trägt einen schweren Koffer.

Ein Mann kommt mit seinem kleinen Hund.

Jan und seine Mama kaufen eine Fahrkarte.

Am Schalter steht Frau Groß. Sie kauft eine Zeitung.

Am Bahnhof kann man keine Fahrkarten kaufen.

Herr Schulz und sein Hund rennen schnell.

Rudi kauft eine Cola und eine Wurst.

Name:	Datum:

Der Bahnhof

Der Zug fährt gleich ab.
Die Leute schauen aus dem Fenster.

Der Schaffner pfeift. Gleich fährt der Zug los.

Im Bahnhof gibt es eine große Uhr.

Die Leute im Zug winken.

Herr Klein und Lena stehen auf dem Bahnsteig
und winken der Oma.

Die Oma ist im Zug und winkt. Sie fährt nach Hause.

Ein Mann trägt einen schweren Koffer.

Vor dem großen Fahrplan steht Jan mit seiner Mama.
Wann geht der Zug nach Berlin?

Am Schalter steht Frau Groß mit ihrem Koffer.
Sie kauft eine Fahrkarte.

Am Bahnhof kann man auch eine Zeitung kaufen.

Herr Schulz rennt ganz schnell.
Sein Zug fährt gleich ab!

Rudi kauft eine Cola und sein Freund Franz isst
eine Wurst.

Michael Häußler: Vom Situationsbild zum Lesen
© Persen Verlag

Brot	Obst
Brötchen	nehmen/nimmt
kaufen	Gemüse
Tasche	frisch

Eier	weinen/weint
Milch	Kasse
Spaghetti	Saft
voll	Einkaufswagen

Michael Häußler: Vom Situationsbild zum Lesen
© Persen Verlag

Name:	Datum:

Beim Einkaufen

 Verbinde die Sätze mit dem richtigen Bild.

Im Regal ist viel frisches Brot. •

Im Supermarkt gibt es Obst und Gemüse. •   •

Jana sitzt im Einkaufswagen. •   •

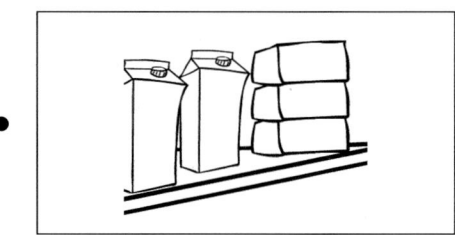

Im Supermarkt gibt es frische Milch. •   •

Frau Meier nimmt eine Packung Spaghetti. •   •

Papa und Martin haben Hunger. Sie wollen Brötchen kaufen.

Im Regal ist viel frisches Brot.

Papa und Martin haben eine große Tasche dabei.

Im Supermarkt gibt es frisches Obst und Gemüse.

Frau Pauli nimmt gerade einen Kopf Salat.

Im Einkaufswagen von Frau Pauli ist Brot, Saft und Obst.

Frau Meier nimmt eine Packung Spaghetti.

Der Einkaufswagen von Frau Meier ist schon ganz voll.
Ob noch etwas hineinpasst?

Im Supermarkt gibt es frische Milch, Butter und Eier.

Frau Grün und die kleine Jana sind an der Kasse.
Jana sitzt im Einkaufswagen.

Die kleine Jana sitzt im Einkaufswagen und weint.
Sie will Schokolade haben.

Frau Grün hat für Jana Saft gekauft, aber keine Schokolade.

Im Supermarkt gibt es keine Brötchen mehr.

Im Regal ist noch ein Brot.

Martin hat eine große Tasche in der Hand.

Im Supermarkt gibt es kein Gemüse.

Der Salat ist im Einkaufswagen.

Der Saft liegt auf dem Boden.

Die Spaghetti liegen bei der Milch und den Eiern.

Die kleine Jana sitzt im Einkaufswagen und lacht.

Die kleine Jana hat ein Brötchen.

Die kleine Jana hat Schokolade.

Im Supermarkt gibt es Schuhe.

Papa sitzt im Einkaufswagen und isst ein Brötchen.

Michael Häußler: Vom Situationsbild zum Lesen
© Persen Verlag

Name:	Datum:

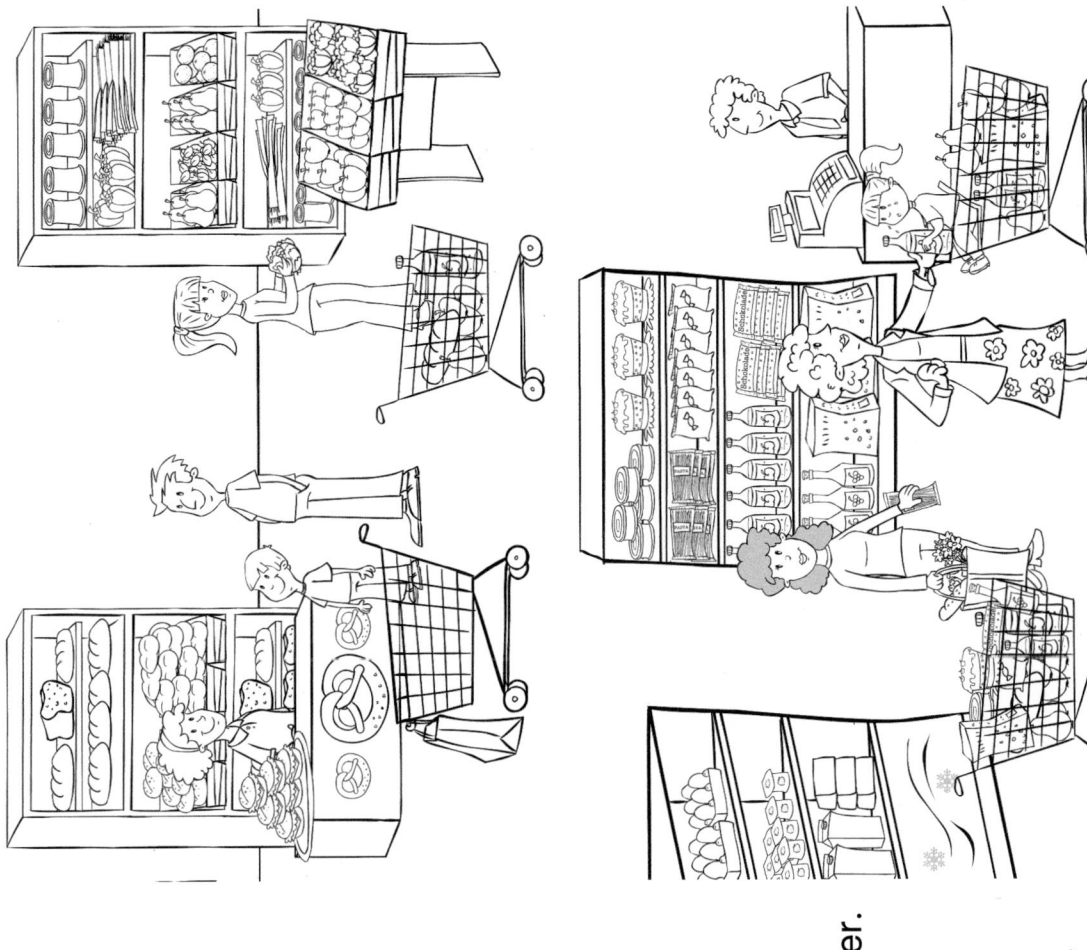

Beim Einkaufen

Papa und Martin haben Hunger.
Sie wollen Brötchen kaufen.

Im Regal ist viel frisches Brot.

Papa und Martin haben eine große Tasche dabei.

Im Supermarkt gibt es frisches Obst und Gemüse.

Frau Pauli nimmt gerade einen Kopf Salat.

Im Einkaufswagen von Frau Pauli ist Brot,
Saft und Obst.

Frau Meier nimmt eine Packung Spaghetti.

Der Einkaufswagen von Frau Meier ist schon
ganz voll. Ob noch etwas hineinpasst?

Im Supermarkt gibt es frische Milch, Butter und Eier.

Frau Grün und die kleine Jana sind an der Kasse.
Jana sitzt im Einkaufswagen.

Die kleine Jana sitzt im Einkaufswagen und weint.
Sie will Schokolade haben.

Frau Grün hat für Jana Saft gekauft,
aber keine Schokolade.

Material 1: Bild mit Gesamtsituation

Dosen	Lampion
Hut	Luftschlangen
werfen/wirft	schwitzen/schwitzt
Cowboy	Prinzessin

Clown	Saft
Indianer	Kuchen
tanzen	Brötchen
Zauberer	sitzen/sitzt

Material 3: Bildausschnitte zum Zuordnen der Wortkarten

Michael Häußler: Vom Situationsbild zum Lesen
© Persen Verlag

Name:	Datum:

Wir feiern Fasching

 Verbinde die Sätze mit dem richtigen Bild.

Auf einem Tisch stehen viele Dosen. •

Der Clown hat eine rote Nase aus Pappe. •

Der Zauberer hat einen großen Hut. •

Unter dem Tisch sitzt ein kleiner Hund. •

Der kleine Bär schwitzt. •

Material 4: Zuordnung Satz – Bild   119

Da ist ein Cowboy mit einem großen Hut.

Auf einem Tisch stehen viele Dosen.

Der Cowboy spielt Dosenwerfen. Er hat einen kleinen Ball in der Hand.

Die Kinder sind lustig und tanzen.

Der Indianer hat viele bunte Federn auf dem Kopf.

Der Clown hat eine rote Nase aus Pappe.

Der Zauberer hat einen großen Hut und einen Mantel mit Sternen.

Auf einem Tisch stehen Kuchen, Brötchen und Saft.

Unter dem Tisch sitzt ein kleiner Hund. Hat er Hunger?

An der Decke hängen viele Lampions und Luftschlangen.

Die Prinzessin trinkt ein Glas Saft.

Der kleine Bär schwitzt, denn es ist warm.

Da ist ein Cowboy mit einem Pferd.

Auf einem Tisch sind viele Bälle.

Der Cowboy spielt mit der Prinzessin.

Die Kinder sind sehr traurig.

Der Indianer hat einen Hut auf dem Kopf.

Der Clown hat einen Mantel mit Sternen.

Unter dem Tisch sitzt der Zauberer.

Auf einem Tisch sitzt ein Hund.

Der Hund hat ein Brötchen.

An der Decke hängt ein Lampion.

Die Prinzessin tanzt mit dem Clown.

Der kleine Bär sitzt unter dem Tisch.

Name:	Datum:

Wir feiern Fasching

Da ist ein Cowboy mit einem großen Hut.

Auf einem Tisch stehen viele Dosen.

Der Cowboy spielt Dosenwerfen.
Er hat einen kleinen Ball in der Hand.

Die Kinder sind lustig und tanzen.

Der Indianer hat viele bunte Federn auf dem Kopf.

Der Clown hat eine rote Nase aus Pappe.

Der Zauberer hat einen großen Hut und einen
Mantel mit Sternen.

Auf einem Tisch stehen Kuchen, Brötchen und Saft.

Unter dem Tisch sitzt ein kleiner Hund.
Hat er Hunger?

An der Decke hängen viele Lampions und
Luftschlangen.

Die Prinzessin trinkt ein Glas Saft.

Der kleine Bär schwitzt, denn es ist warm.

Baum	Tasche
Schatten	Schuhe
trinken	Bank
Wiese	Ball

laufen/läuft	rufen/ruft
schießen/schießt	Tor
schnell	Mütze
Hemd	Handschuhe

Michael Häußler: Vom Situationsbild zum Lesen
© Persen Verlag

Name:	Datum:

Das Fußballspiel

 Verbinde die Sätze mit dem richtigen Bild.

Andi läuft ganz schnell. •

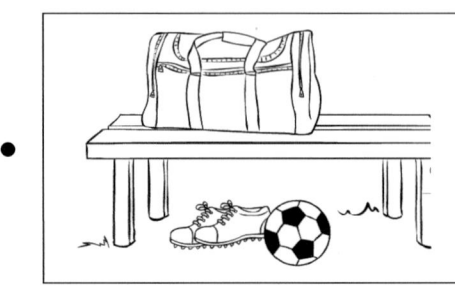

Mario hat den Ball. •

Die Kinder rufen. •

Auf der Wiese steht eine Bank. •

Unter der Bank liegen Schuhe. •

Michael Häußler: Vom Situationsbild zum Lesen
© Persen Verlag

Auf der großen Wiese spielen die Kinder Fußball.

Lisa und Marie sitzen im Schatten unter dem Baum.

Lisa und Marie wollen nicht Fußball spielen. Sie trinken kalte Limo.

Andi läuft ganz schnell.

Andi hat sein blaues Hemd an.

Mario ist schnell. Er hat den Ball und schießt.

Rudi steht im Tor. Er hat Handschuhe und eine Mütze an.

Die Kinder rufen: „Mario vor, noch ein Tor!"

Auf der Wiese steht eine Bank.

Auf der Bank ist eine Tasche. Die Tasche gehört Andi.

Unter der Bank liegen Schuhe.

Neben den Schuhen liegt ein Ball.

Auf der großen Wiese spielen die Kinder Fangen.

Alle Kinder sitzen unter dem Baum.

Lisa und Marie essen ein Brot.

Lisa läuft ganz schnell.

Andi hat eine Jacke an.

Mario hat den Ball in der Hand.

Rudi steht im Tor, aber er hat keine Handschuhe.

Neben der Wiese steht ein Auto.

Im Tor steht eine Bank.

Unter der Bank ist eine Tasche.

Auf der Bank stehen Schuhe.

Auf der Bank liegt ein Ball.

Michael Häußler: Vom Situationsbild zum Lesen
© Persen Verlag

Name:	Datum:

Das Fußballspiel

Auf der großen Wiese spielen die Kinder Fußball.

Lisa und Marie sitzen im Schatten unter dem Baum.

Lisa und Marie wollen nicht Fußball spielen.
Sie trinken kalte Limo.

Andi läuft ganz schnell.

Andi hat sein blaues Hemd an.

Mario ist schnell. Er hat den Ball und schießt.

Rudi steht im Tor.
Er hat Handschuhe und eine Mütze an.

Die Kinder rufen: „Mario vor, noch ein Tor!"

Auf der Wiese steht eine Bank.

Auf der Bank ist eine Tasche.
Die Tasche gehört Andi.

Unter der Bank liegen Schuhe.

Neben den Schuhen liegt ein Ball.

Material 1: Bild mit Gesamtsituation

Michael Häußler: Vom Situationsbild zum Lesen
© Persen Verlag

Topf	Wohnwagen
Kleider	Katze
Fahrrad	Tisch
Zelt	sitzen

Ball	weinen/weint
werfen/wirft	Eis
Boot	schwimmen/schwimmt
Wasser	Hund

Material 3: Bildausschnitte zum Zuordnen der Wortkarten

Michael Häußler: Vom Situationsbild zum Lesen
© Persen Verlag

Name:	Datum:

Ferien am See

Verbinde die Sätze mit dem richtigen Bild.

Unter dem Wohnwagen ist eine kleine Katze. •

•

Auf einer Leine sind Kleider. •

•

Auf dem Wasser ist ein Boot. •

•

Neben dem Wohnwagen steht das Auto. •

•

Jonas steht vor seinem Zelt. •

•

Frau und Herr Müller sitzen am Tisch und lesen.

Unter dem Wohnwagen ist eine kleine Katze.

Neben dem Wohnwagen steht das Auto.

Auf einer Leine sind Kleider.

Jonas steht vor seinem Zelt.

Das Fahrrad von Jonas steht hinter dem Zelt.

Jonas kocht Nudeln in einem großen Topf. Die will er gleich essen.

Die Kinder am Wasser werfen einen Ball hin und her.

Auf dem Wasser ist ein Boot.

Ein kleiner Hund schwimmt im Wasser.

In einer Bude gibt es Eis.

Theo weint. Sein Eis liegt auf dem Boden.

Michael Häußler: Vom Situationsbild zum Lesen
© Persen Verlag

Frau und Herr Müller sitzen am Tisch und essen.

Unter dem Wohnwagen ist ein Hund.

Neben dem Wohnwagen steht das Fahrrad.

Auf dem Boden liegen Kleider.

Jonas ist in seinem Zelt.

Das Fahrrad ist im Zelt.

Frau Müller kocht Nudeln in einem Topf.

Die Kinder spielen mit dem Hund.

Die Kinder sind im Wasser.

Im Boot ist ein kleiner Hund.

In einer Bude gibt es Pommes.

Theo isst Eis.

Name: | Datum:

Ferien am See

Frau und Herr Müller sitzen am Tisch und lesen.

Unter dem Wohnwagen ist eine kleine Katze.

Neben dem Wohnwagen steht das Auto.

Auf einer Leine sind Kleider.

Jonas steht vor seinem Zelt.

Das Fahrrad von Jonas steht hinter dem Zelt.

Jonas kocht Nudeln in einem großen Topf.
Die will er gleich essen.

Die Kinder am Wasser werfen einen Ball
hin und her.

Auf dem Wasser ist ein Boot.

Ein kleiner Hund schwimmt im Wasser.

In einer Bude gibt es Eis.

Theo weint. Sein Eis liegt auf dem Boden.

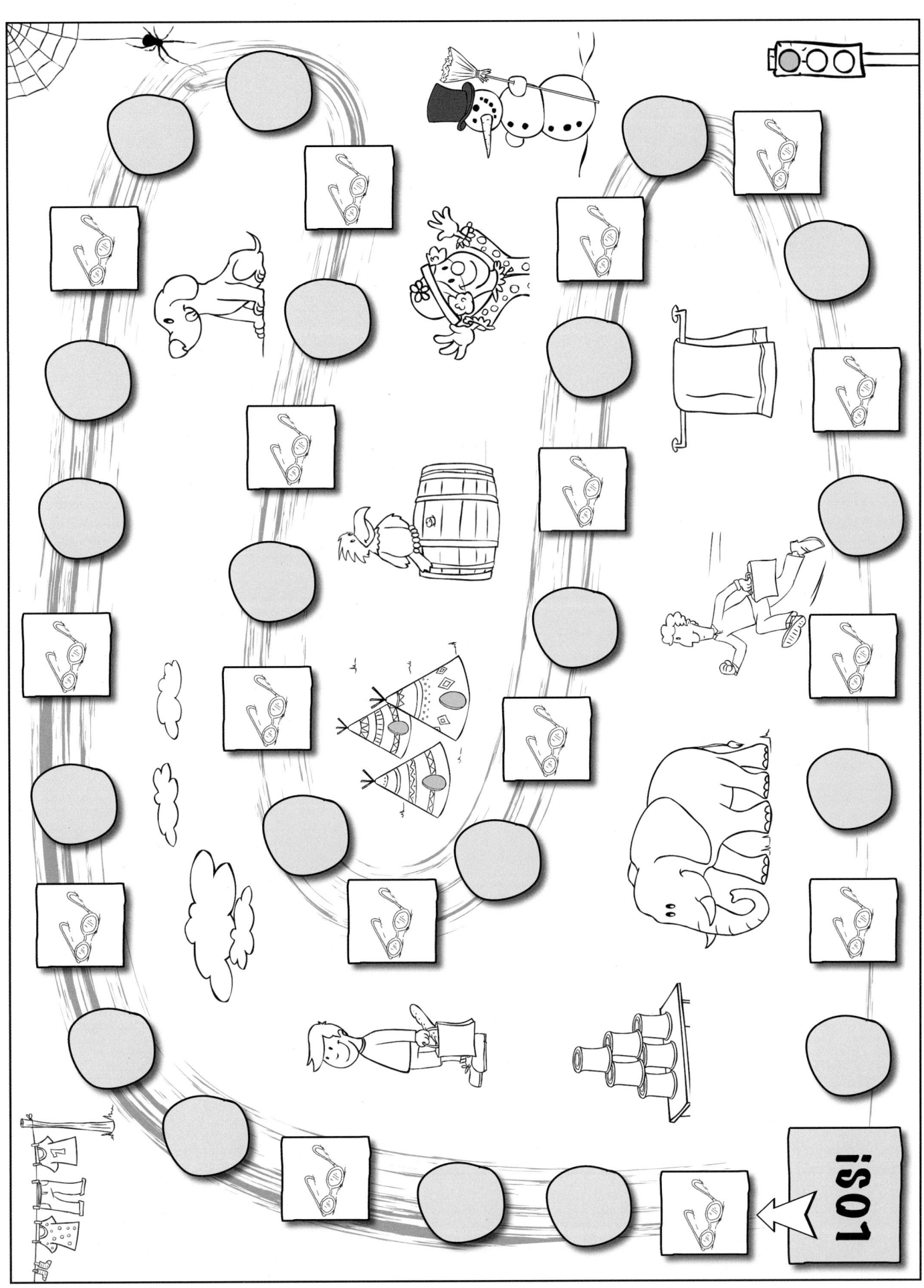

Kontrollblatt für das Lesespiel

Michael Häußler: Vom Situationsbild zum Lesen
© Persen Verlag

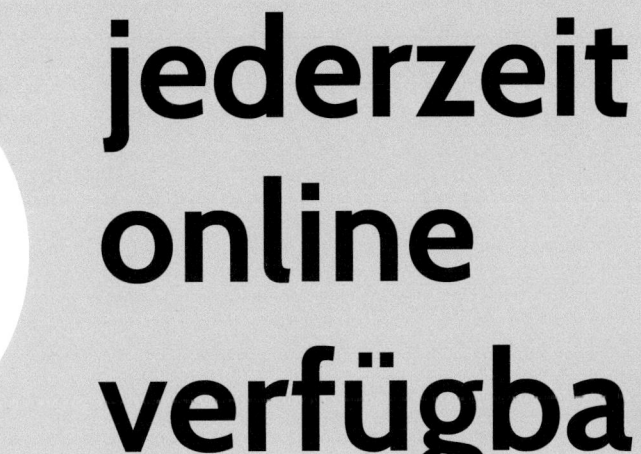